ÉTUDE

SUR LES

SUBVENTIONS INDUSTRIELLES

PAR

Paul COULET

AVOCAT A LA COUR D'APPEL DE PARIS

---

*Suivie d'un exposé des motifs et d'une Proposition de loi tendant
à la modification de la loi du 21 mai 1836*

Prix : 1 fr.

EN VENTE

AUX BUREAUX DU JOURNAL « LE BOIS »

11, RUE GODOT-DE-MAUROI

PARIS

ÉTUDE

SUR LES

SUBVENTIONS INDUSTRIELLES

ÉTUDE

SUR LES

SUBVENTIONS INDUSTRIELLES

PAR

Paul COULET

AVOCAT A LA COUR D'APPEL DE PARIS

*Suivie d'un exposé des motifs et d'une Proposition de loi tendant
à la modification de la loi du 21 mai 1836*

Prix : 1 fr.

EN VENTE

, AUX BUREAUX DU JOURNAL « LE BOIS »

11, RUE GODOT-DE-MAUROI

PARIS

ÉTUDE

SUR LES

SUBVENTIONS INDUSTRIELLES

Les subventions industrielles sont réclamées par les Communes aux industriels qui, pour les besoins de leurs exploitations, *dégradent d'une façon extràordinàire* les chemins vicinaux.

Les sommes ainsi réclamées représentent le prix des matériaux et de la main-d'œuvre nécessaires pour la réfection de ces chemins vicinaux ainsi dégradés.

Parmi les différents genres d'industries auxquelles les subventions industrielles peuvent être réclamées, figurent les exploitations de forêts, aux termes de l'article 14 de la loi du 21 mai 1836 qui les a *expressément* désignées.

Voici d'ailleurs les textes en vertu desquels les subventions industrielles peuvent être réclamées :

Loi du 21 mai 1836

Art. 14. — « Toutes les fois qu'un chemin entretenu à l'état de
« viabilité par une Commune, sera habituellement ou temporairement
« dégradé par des exploitations de mines, de carrières, de *forêts* ou
« de toute entreprise industrielle appartenant à des particuliers, à
« des établissements publics, à la Couronne ou à l'État, il pourra y

« avoir lieu à imposer aux entrepreneurs ou propriétaires, suivant
« que l'exploitation ou les transports auront lieu pour les uns ou pour
« les autres, des subventions spéciales, dont la quotité sera pro-
« portionnée à la dégradation extraordinaire qui devra être attribuée
« aux exploitations... »

Loi du 20 août 1881

Art. 11. — « Toutes les fois qu'un chemin rural reconnu, entretenu
« à l'état de viabilité, sera habituellement ou temporairement dégradé
« par des exploitations de mines, de carrières, de *forêts* ou de toute
« autre entreprise industrielle appartenant à des particuliers, à des
« établissements publics ou à l'État, il pourra y avoir lieu à imposer
« aux entrepreneurs ou propriétaires suivant que l'exploitation ou les
« transports auront lieu pour les uns ou pour les autres, des sub-
« ventions spéciales dont la quotité sera proportionnée à la dégrada-
« tion extraordinaire qui devra être attribuée aux exploitations...»

Cahier des charges des ventes de coupes de l'État

Art. 35. — « Les adjudicataires des coupes des bois de l'État sont
« tenus de payer aux Communes les subventions spéciales auxquelles
« celles-ci ont droit, en exécution de l'article 14 de la loi du 21 mai
« 1836 et de l'article 11 de la loi du 20 août 1881, pour dégradations
« extraordinaires causées aux chemins vicinaux et chemins ruraux
« classés par le transport des produits desdites coupes...»

Je me propose, dans cette étude, d'examiner le fonction-
nement de la loi de 1836, et de tracer, avec l'aide des textes
de loi, des circulaires, des arrêtés ministériels et de la jurisprudence, les règles à suivre par les exploitants de forêts,
dans leurs démêlés avec les Communes, à l'occasion des réclamations de subventions industrielles.

Conditions requises pour que des subventions industrielles puissent être réclamées.

Pour qu'un exploitant de forêt puisse être l'objet d'une
réclamation de subventions industrielles, il faut :

1° Que les transports par chariots aient eu lieu sur un chemin classé comme chemin vicinal ;

2° Que ce chemin vicinal soit entretenu en bon état de viabilité ;

3° Que ce chemin vicinal ait été dégradé d'une façon extraordinaire par le transport des bois.

Reprenons chacune de ces conditions et expliquons-les :

1° *Il faut qu'il s'agisse d'un chemin vicinal classé.*

Un chemin vicinal est celui que l'Administration départementale a déclaré nécessaire aux communications d'une ou plusieurs Communes, et dont l'entretien incombe aux Communes.

Les dépenses de cet entretien sont assurées par des ressources spéciales produites par des centimes additionnels, quand il s'agit de réparer les dégradations *ordinaires*, et par le produit des subventions industrielles, quand il s'agit de dégradations extraordinaires. Le classement comme, chemin vicinal, d'une voie publique résulte d'un arrêté préfectoral.

La première question à examiner, au cas de réclamations de subventions industrielles, est celle de savoir si le chemin vicinal dont il s'agit est un chemin vicinal classé par arrêté préfectoral.

2° *Viabilité du chemin vicinal.*

Cette condition est celle qui sollicite le plus l'attention des exploitants de forêts, car il pourrait se faire qu'une Commune comptant sur une exploitation de forêt, devant avoir lieu dans trois ou quatre ans, laissât sans l'entretenir en état de viabilité, un chemin vicinal nécessaire à l'exploitation de la forêt, afin que, plus tard, ce soit l'exploitant de la forêt qui fût contraint de le remettre en état.

Il faut qu'il soit établi qu'avant l'usage du chemin vicinal par l'exploitant de forêt, ce chemin était en bon état sur tout son parcours ou sur un tronçon seulement, si ce tronçon seul a été déclaré entretenu.

Le Conseil d'État a jugé par arrêt du 26 octobre 1888

qu'on devait tenir compte, pour la fixation de l'indemnité due par l'exploitant, du mauvais état de certaines parties du chemin, avant l'usage qu'en avait fait l'exploitant, qui, aux termes de la loi, ne peut être tenu de réparer que *le préjudice extraordinaire* qu'il a pu causer.

La constatation officielle de l'état de viabilité du chemin vicinal n'a pas été réglementée par la loi de 1836.

Il sera procédé à la vérification ainsi qu'il a été dit ci-dessus.

Le Conseil d'État a décidé (18 avril 1845) que la liste des chemins vicinaux en état de viabilité pouvait comprendre des tronçons de chemins entretenus en état de viabilité. Dans ce cas, naturellement, le droit des Communes à des subventions industrielles est restreint aux dégradations extraordinaires subies par ces tronçons entretenus.

Il convient de remarquer, ici, que la situation de l'exploitant est bien défavorable en présence de l'attitude souvent irrégulière des Maires, en ce qui concerne la publication et l'affichage des listes de chemins vicinaux entretenus en état de viabilité.

Dans beaucoup de départements les Maires omettent de se conformer aux prescriptions de la circulaire ministérielle du 6 décembre 1870. Il ne publient pas, ils n'affichent pas la liste prescrite. Et ils ne sauraient en ce cas, encourir de responsabilité, aucun grief ne peut être relevé contre eux de ce chef car la publication et l'affichage de la liste ne sont pas prescrits par un texte de loi proprement dit mais par une simple circulaire ministérielle.

Il serait bon que, sur ce point, la loi de 1836 reçût une modification et un complément en vue de réserver les droits des exploitants, et d'astreindre les Maires à observer les règles prescrites par la circulaire.

Il faudrait aussi qu'au lieu d'une publication et d'un affichage, moyen passager de publicité, la liste des chemins vicinaux entretenus fût, *d'une façon permanente*, laissée à la disposition des intéressés à la mairie.

Il résulte de articles 106 à 109 de l'Instruction ministérielle du 6 décembre 1870, que la constatation de l'état de viabilité, résultera de la publication et de l'affichage, au mois de janvier de chaque année, dans la Commune où existent des exploitations industrielles susceptibles d'entraîner l'application de l'article 14 de la loi du 21 mai 1836, de la liste des chemins vicinaux de toute catégorie entretenus en état de viabilité.

Cette liste sera préparée par l'Agent voyer et arrêtée par le Maire qui devra adresser au Sous-Préfet un certificat constatant l'accomplissement des formalités sus-relatées.

Pendant six jours à partir de l'affichage et de la publication, les intéressés ont le droit de critiquer l'exactitude des indications contenues dans la liste, au regard de l'état de viabilité des chemins vicinaux.

Il peut se produire, en effet, que des erreurs, volontaires ou non, se produisent dans l'établissement de cette liste, et dans ce cas, l'intéressé a le droit de demander, sur place et contradictoirement avec le Maire, l'Agent-voyer, ou leurs représentants, la vérification de l'état du chemin. La vérification sur place sera faite dans le délai de six jours de la réclamation et le procès-verbal de la constatation sera déposé à la mairie.

Il résulte de ces prescriptions que tout chemin vicinal compris dans la liste publiée par le Maire, sera définitivement considéré comme étant en état de viabilité s'il n'a pas été l'objet d'une réclamation de la part des intéressés, dans les six jours de la publication de ladite liste.

Dans le cas où un exploitant ne commence ses transports que dans le courant de l'année, après la publication de la liste des chemins vicinaux en état de viabilité, il peut exercer une réclamation dans le but de vérifier, s'il le conteste, l'état de viabilité, de tel ou tel chemin vicinal. Cette réclamation doit être produite vingt jours avant de commencer les transports.

La jurisprudence a, il est vrai, tempéré ce que pouvait, avoir de draconien le droit des Maires.

Le Conseil d'État a jugé, par un arrêt du 26 juin 1885, que la publication, faite par le Maire, de la liste des chemins vicinaux entretenus en état de viabilité, ne constitue pas une preuve absolue au profit de la Commune et que celui auquel il est réclamé des subventions industrielles, peut discuter l'état de viabilité du chemin, et être admis à faire la preuve contraire. Remarquons que la présomption de viabilité existe au profit de la Commune et que *la preuve de la non viabilité incombe à l'exploitant.*

Cette preuve sera assez difficile à faire pour l'exploitant qui se heurtera, dans un pays où il n'est pas chez lui, à des mauvais vouloirs, à des refus des renseignements qui l'amèneront le plus souvent, pour éviter un procès, à payer ce que peut-être il ne doit pas.

Dans le cas où la Commune n'a pas fait figurer un chemin vicinal sur la liste des chemins entretenus en état de viabilité, l'exploitant auquel on réclame des subventions industrielles ne doit pas croire être en droit de se considérer comme délié de toute obligation au cas où le chemin vicinal en question a été dégradé extraordinairement. Il n'y a pas contre la Commune de déchéance à réclamer des subventions parce que le chemin n'a pas figuré dans la liste publiée !

La Commune a le droit de prouver que le chemin vicinal était, avant les dégradations, entretenu en état de viabilité.

Ainsi qu'on le voit, la présomption dans ce cas, est contre la Commune ; elle a seulement le droit de prouver contre cette présomption.

Le motif de ces règles est que la loi de 1836 n'a pas établi de déchéance contre les Communes ni contre les exploitants, car son article 14 dit simplement : que la condition nécessaire pour que la Commune ait le droit de réclamer des subventions industrielles, est que le chemin vicinal soit entretenu en bon état au moment des dégradations. La loi n'a pas prescrit de mode de preuve ni d'époque pour la fournir. La Commune et l'exploitant sont, si l'on s'en rapporte à la loi de 1836, sur un pied d'égalité apparente. Mais si l'on prend pour règle la circulaire ministérielle du 6 décembre 1870, on voit que la situation de la Commune et celle de l'exploitant ne sont plus égales. La circulaire met l'exploitant dans une situation bien défavorable au point de vue de sa défense contre les réclamations de la Commune.

Je crois donc que la circulaire ministérielle de 1870 doit être rapportée. N'ayant pas force de loi, elle ne peut être invoquée par un exploitant ou contre lui comme moyen irréfutable et péremptoire. Bien mieux vaut, dans leurs conflits avec les Communes, que les exploitants s'en tiennent à la loi de 1836 et qu'ils obligent les Communes à prouver autrement que par la production de la liste publiée, liste qui peut contenir des erreurs volontaires ou non. Ce sera l'application du principe que nul ne peut se faire une preuve à lui-même.

3° *Dégradation extraordinaire.*

La troisième condition pour qu'il puisse y avoir lieu à réclamation de subvention industrielle est que le chemin vicinal ait subi, par le fait des transports, des *dégradations extraordinaires.*

Par dégradations extraordinaires il faut entendre préjudice anormal, exceptionnel, dommage sensible et notable.

Il ne suffira pas, pour qu'une Commune puisse réclamer des subventions industrielles à un exploitant de forêt, qu'il soit établi que de nombreux chariots ont, pendant un temps plus ou moins long, passé sur le chemin vicinal.

Il faut que la dégradation causée par les chariots soit telle que l'on puisse évaluer une différence suffisamment importante entre les frais d'entretien du chemin prétendu dégradé extraordinairement et ceux d'un chemin soumis à un passage ordinaire. Encore faudra-t-il tenir compte, dans l'appréciation comparative, de la fréquentation plus ou moins grande, habituellement, des deux chemins.

Certaines Communes émettent la prétention d'exiger des subventions des exploitants de forêts, à raison de leurs charrois, par le seul motif qu'ils contribuent à une usure plus rapide des chemins.

Cette prétention est abusive et contraire au texte et à l'esprit de la loi. La jurisprudence du Conseil d'État est formelle dans ce sens.

Un arrêt du Conseil d'État, du 27 juillet 1883, a décidé :

Que bien que les transports opérés par un industriel soient supérieurs à la moyenne de ceux exécutés par les autres habitants, et que, partant, ils contribuent certainement plus que ceux-ci à l'usure du chemin, cet industriel n'est tenu de payer une subvention que s'il faut une somme relativement importante pour réparer le dommage au delà du prix ordinaire d'entretien du chemin.

Il appartient aux tribunaux administratifs d'apprécier si la dégradation est extraordinaire, et ils doivent ordonner une expertise pour s'éclairer.

Cette expertise ne peut, bien entendu, porter sur l'examen du chemin vicinal, car le procès devant le Conseil de Préfecture ou le Conseil d'État ne se plaide que bien longtemps après l'époque à laquelle ont eu lieu les charrois. L'expertise ne peut porter que sur l'examen des dépenses de la Commune, pour l'entretien des chemins; et cette expertise peut se comprendre aussi comme une enquête à laquelle les experts se livrent pour arriver à se renseigner. Ils peuvent entendre des témoins, examiner des livres, etc.

Le Conseil d'État a, par de nombreux arrêts, établi une base d'appréciation pour décider quand il y a lieu à subvention industrielle.

Cette base consiste en ceci :

Il n'y a pas lieu d'admettre la réclamation de subventions industrielles, si elle ne se monte pas à plus de :

41 francs, pour 1 kilomètre ;

152 francs pour 7 kilomètres 900 mètres.

II

A qui doit être demandée la subvention ?

J'ai étudié, dans les articles précédents, les différentes conditions qui devaient se trouver réunies pour permettre à une Commune de réclamer des subventions industrielles.

Passons maintenant à la question de savoir à qui doit être demandée la subvention industrielle.

La réponse est bien simple : la réparation du dommage causé à la Commune par les dégradations extraordinaires causées aux chemins vicinaux, doit être réclamée à celui qui est l'auteur du dommage, c'est-à-dire à l'exploitant de la forêt.

Il arrive parfois, que la Commune exerce sa réclamation contre le propriétaire de la forêt. Mais bien que dans certains cas, le Conseil d'État ait admis que l'action de la Commune pouvait s'exercer contre le propriétaire de la forêt, quand ce dernier a vendu sa coupe à un exploitant, il est bien certain que le propriétaire de la forêt a le droit de se retourner contre l'exploitant et de lui demander de le garantir de toute condamnation. Cette solution implique l'hypothèse dans laquelle c'est l'exploitant lui-même qui a fait les transports ou les a fait faire pour son compte.

Mais supposons qu'un propriétaire de forêt ait vendu sa coupe à un exploitant et que cet exploitant ait vendu, soit en bloc, soit par parties assez fortes, le produit de la coupe après abatage et façonnage sur place.

Dans ce cas, qui doit payer les dégradations extraordinaires ? Le propriétaire, l'exploitant ou les acheteurs ?

A notre avis, la subvention serait due par les acheteurs seuls car l'exploitant n'ayant effectué aucun transport susceptible de dégradations extraordinaires, ne peut être considéré comme l'auteur du dommage.

Deux arrêts du Conseil d'État (*14 novembre 1879, 16 février 1883*) ont admis ce système.

Dans une des espèces jugées par le Conseil d'État, il s'agissait d'une forêt dont la coupe avait été vendue avec cahier des charges stipulant l'adjudicataire responsable des subventions industrielles. Malgré cette clause c'est l'acheteur des bois, après exploitation, qui fut déclaré responsable des dégradations.

Il peut arriver aussi que l'exploitant ne vende qu'une partie du produit de sa coupe, qui est charroyée par l'acheteur, en suivant un chemin vicinal allant d'un côté tandis que l'exploitant exécute ou fait exécuter lui-même les transports de la partie de la coupe non revendue et emploie un tout autre chemin vicinal. Dans ce cas, l'acheteur et l'exploitant seront respectivement responsables des subventions industrielles pour les chemin vicinaux qu'ils auront, chacun, employés. — (*Conseil d'État, 9 février 1850*).

Mais si, au contraire, les acquisitions sur place sont faites par un grand nombre d'acheteurs, chacun pour une petite quantité, l'exploitant, seul, est responsable des subventions industrielles. — (*Cons. d'État, 12 mars 1880*).

Il est un procédé de calcul des subventions industrielles auquel ont eu, quelquefois, recours certaines Communes et qui, contraire au texte et à l'esprit de la loi de 1836, conduit à un résultat innique pour les exploitants de forêts.

Ce procédé de calcul consiste en ceci :

Les agents-voyers relèvent quelle est, année moyenne, et

par arrondissement, l'importance de la circulation totale sur·
es chemins vicinaux. Ils constatent, d'autre part, la quantité
de matériaux exigés pour l'entretien de ces chemins. Partant de ce principe que 150 tonnes kilométriques circulant
ont amené la dépense d'un mètre cube de cailloux, ils ont
établi un coefficient de dégradation, identique pour tous les
transports industriels, pour tous les chemins, sans tenir·
compte du sol et de la fréquentation de ces chemins. Ils
appliquent le coefficient de dégradation aux transports de
l'exploitant de forêt et arrivent, ainsi, à un chiffre souvent
élevé et hors de proportion avec la dégradation réelle.

Ce mode d'opérer n'a été pratique que dans des pays où
circulaient des transports de différente nature.

Le Conseil d'État a décidé que cette pratique était abusive
et illégale, que le montant de chaque subvention devait être·
calculé isolément, en tenant compte du nombre des transports, de leur nature, de leur poids et de l'état du sol des·
chemins.

Il faut donc, lorsque des subventions industrielles sont
réclamées, demander et exiger judiciairement le mode de·
calcul employé par la Commune et ne pas craindre de défé-
rer au Conseil de préfecture ce que l'on peut considérer·
comme des exactions.

La question des subventions industrielles est l'objet de la
préoccupation de tous ceux qui s'occupent des questions·
forestières, je crois intéressant de rapporter ici un article·
paru dans le journal le *Bois* l'année dernière :

« La Société des Agriculteurs de France, au cours de sa
dernière session, a entendu lecture d'un intéressant mémoire
sur les subventions industrielles, présenté par M. Jobez,
ancien député, conseiller général, sylviculteur.

« Ce mémoire, en défense, est relatif aux *dégradations extraordinaires soi-disant causées aux chemins vicinaux par les
exploitations du bois*, au point de vue de la responsabilité·
des propriétaires.

« L'auteur du mémoire commence par rappeler le principe
qui domine dans la loi de 1836, et que de nombreux arrêts·
du Conseil d'État ont toujours affirmé. Ce principe est le
suivant : pour qu'il y ait subvention spéciale, il faut que les·

dégradations aient été *commises et constatées ;* la dégradation devra revêtir un caractère extraordinaire. Il faut que les transports auxquels donne lieu l'exploitation dégradent le chemin dans une proportion beaucoup plus forte que l'usage qu'en font les habitants de la commune (C. E. novembre 1884, Bardoux ; 1883, Lemaire ; 1881, Matieu ; 1875, Gay ; 11 mai et 6 avril 1870).

« L'exploitation d'un bois ne donnera pas lieu à une subvention lorsqu'elle n'aura pas occasionné de dégradations extraordinaires (C. E. 8 mai 1869). Il a été décidé que les transports qui sont *conformes* à la destination des chemins ne seront pas sujets aux subventions ; c'est pour cela que les transports agricoles ont été exclus. Les experts doivent tenir compte à l'industriel du droit qu'a toute personne de se servir des chemins dans les conditions ordinaires de leur destination (C. E. 10 février 1888).

« Il faut que la demande de subvention soit faite à une époque la plus rapprochée possible de celle où a été commis le dégât (C. E. 1877).

« L'article 110 de l'Instruction générale sur le service des chemins vicinaux fixe, comme dernier délai, le mois de janvier qui suit l'année où les dégradations ont été commises pour les transports continus, et, pour la dégradation temporaire, au mois qui suivra l'achèvement des transports.

« Les différents arrêts du Conseil d'État établissent formellement que la subvention ne doit jamais être transformée, même indirectement, en impôt annuel : le législateur n'a pas voulu que la Commune pût profiter d'une circonstance pour faire entretenir son chemin par le propriétaire d'une exploitation quelconque.

« Cependant, il résulte de pièces officielles que l'Administration aurait une tendance à taxer chaque exploitant de bois suivant le cube de son exploitation, ce qui serait contraire à la loi et à de nombreux arrêts.

« Enfin, pour constater que l'expertise est impossible ou illusoire, il suffit de lire l'extrait suivant d'un arrêté déterminant la mission des experts (Villiers, page 130).

« Les experts devront se rendre ensemble sur les lieux, indiquer si « les chemins litigieux sont portés au tableau des chemins entretenus « à l'état de viabilité et si des réclamations ont été faites par le sub-

« ventionnaire ; indiquer dans tous les cas quel était l'état de viabilité
« *avant et après les transports, les conditions de construction de la*
« *chaussée et la nature du sol.*

« Établir l'usure et les dégradations résultant de la circulation géné-
« rale, indiquer comment les conditions ordinaires de cette cicula-
« tion ont été établies et les dépenses qui en résultent ;

« Indiquer la circulation à laquelle l'industrie a régulièrement droit ;

« Déterminer l'augmentation des frais d'entretien que ces transports
« peuvent avoir occasionnés, en indiquant dans quelle mesure il est
« tenu compte des causes générales de dégradation et du droit de cir-
« culation normale de l'industriel, etc.

« Indiquer d'après ces données, d'après les constatations *de visu,*
« s'il est possible et d'après les renseignements *recueillis sur place,*
« quelles dégradations *ont été réellement causées* par les transports
« litigieux et si ces dégradations ont *un caractère extraordinaire.* »

« Telle est l'analyse du mémoire présenté par M. Jobez,

« La Société des Agriculteurs de France a approuvé plei-
nement l'exposé juridique que contient ce mémoire. »

Actuellement l'état de la question est celui-ci :

Tout le monde est d'avis que les subventions industrielles
tout ou moins celles qui sont réclamées aux exploitants de
forêts sont une source de vexations et qu'elles doivent être
supprimées.

Beaucoup de négociants en bois exploitants des forêts con-
tinuent par routine à payer ce qu'on leur réclame, sans discuter parce qu'ils hésitent à entamer avec l'Administration une
lutte qu'ils craignent voir se terminer à leur désavantage.

Certes je ne disconviens pas qu'un exploitant de forêts à
qui l'Administration réclame 100, 200 ou 300 francs pour
dégradation prétendûment extraordinaires puisse préférer
payer que de plaider devant le Conseil de préfecture et le
Conseil d'État.

Mais ceux qui agissent ainsi ne se doutent pas qu'ils créent
contre eux et contre les revendications de la masse des intéressés, l'argument le plus sérieux qu'invoque l'Administration lorsqu'un exploitant plus hardi et plus tenace veut discuter devant le Conseil de préfecture. L'Administration ne
manque jamais dans ses mémoires de soutenir que la con-

testation soulevée est *isolée* et que tous les autres exploitants payent les subventions sans difficulté.

Si les marchands de bois veulent arriver à faire modifier, quant à eux, la loi de 1836, il ne suffit pas de saisir les Chambres d'une proposition de loi tendant à ce but, il faut résister et porter le débat devant le Conseil de préfecture et le Conseil d'État.

Je ne crois pas être présomptueux en disant que je mets au défi l'Administration vicinale, de justifier sérieusement et selon les données de la loi et de la jurisprudence, une seule des demandes de subvention.

Depuis dix ans, que j'ai consacré de longues études à cette question, je n'ai jamais vu une seule affaire de subvention se présenter telle, que j'ai pu dire au marchand de bois qui me consultait : « Payez, vous n'avez aucune chance de succès en plaidant ».

Dans toutes les affaires qui m'ont été soumises j'ai constaté que l'Administration prenait le contrepied de la loi pour réclamer des subventions. En effet, la loi dit : *Celui qui aura causé des dégradations extraordinaires par ses transports de bois, devra payer les frais de réparation de ces dégradations.*

Or l'Administration dit : *Vous êtes exploitant de forêt, vous avez fait des transports de bois, donc vous devez des subventions industrielles.*

Et si l'exploitant regimbe, l'Administration lui répond : *C'est à vous de prouver que vous n'aviez pas commis de dégradations extraordinaires,* — c'est-à-dire qu'il faudrait que l'exploitant fasse une *preuve négative !* C'est comme si dans un procès civil le demandeur qui réclamerait 1000 francs au défendeur qui refuserait de payer : *Prouvez-moi que vous m'avez payé !!*

L'Administration vicinale est un simple *demandeur* dans le procès qu'elle intente pour avoir paiement de subventions industrielles, c'est à l'Administration, demandeur au procès, à *prouver*, à *justifier* sa demande ; c'est ce qu'elle ne fait jamais, et n'essaye pas de faire, *car elle ne le peut pas.*

Que voyons-nous donc dans les mémoires produits par l'Administration? Un état de dépenses d'entretien, un relevé de comptage de colliers et l'indication de la longueur du chemin parcouru.

Et c'est avec ces chiffres, que l'Administration combine avec des coefficients de saison, et en faisant une part arbitraire à la circulation ordinaire, qu'elle arrive à établir un chiffre base qui est multiplié par les tonnes kilométriques des transports supposés !

L'examen sérieux de ces éléments permet de les réduire à néant.

C'est à cette tâche que je me suis consacré et j'ai presque toujours réussi.

La « Fédération des Syndicats du commerce des bois de France », l' « Union syndicale des marchands de bois de France » se sont occupées de la question des subventions industrielles et ont imprimé au mouvement de protestation contre les subventions industrielles une impulsion qui la fera réussir.

J'ai, à de nombreuses reprises, tant à Paris qu'en province, aux assemblées générales de la Fédération et de l'Union, au congrès de Nancy en 1905, au congrès d'Épinal en 1906, fait des conférences sur la question des subventions industrielles.

J'ai été chargé de rédiger une proposition de loi qui va être, à la suite du vote de l'Assemblée générale de la Fédération de 19 mars 1907, soumis à la Chambre des Députés.

Voici l'exposé des motifs de cette proposition de loi :

Proposition de loi tendant à modifier la loi du 21 mai 1836 sur les subventions industrielles.

La loi du 21 mai 1836 dans son article 14 donne aux communes et aux départements le droit de réclamer des subventions pour la réparation des dégradations extraordinaires causées aux chemins vicinaux ou de grande communication par des transports de matières premières ou ouvrées provenant de l'Industrie. De là le nom de *subventions industrielles* donné à ces *subventions*.

La loi de 1836, a, dans la nomenclature des industries susceptibles de subventions industrielles, compris les exploitations forestières. L'application de cette loi aux exploitations forestières a de tout temps soulevé bien des protestations et des procès sans nombre. La jurisprudence du Conseil d'État est considérable sur la question.

Il est impossible de retracer ici les difficultés auxquelles, en pratique, a donné lieu la recherche, la preuve et la fixation des réparations dues pour subventions industrielles.

Depuis longtemps, les économistes et les juristes ont élevé des critiques sérieuses contre les subventions industrielles en général et surtout contre celles qui sont réclamées aux exploitants de forêts.

Déjà en 1870, Mᵉ Hallays Dabot faisait le procès des subventions industrielles dans les termes suivants :

« Au moment où notre législation paraît devoir subir une sorte de révision générale, il est permis de se demander si l'impôt des subventions devra subsister. Nous savons qu'en France une taxe établie disparaît rarement, et que surtout sa suppression serait réclamée sans grande chance de succès, alors qu'on s'ingénie de toutes parts à créer de nouvelles sources de revenus et à augmenter celles qui existent. Néanmoins si nous avions à émettre un avis, nous avouons que l'expérience qui a été faite de la loi du 28 juillet 1824 et, surtout depuis trente ans, de l'article 14 de la loi de 1836, nous disposerait assez peu en faveur du maintien de cette taxe malgré les raisons sérieuses tirées de l'équité et de l'intérêt communal qui ont paru justifier sa création.

« Quoique assimilées aux contributions directes, quant au mode de recouvrement, les subventions, a-t-on dit, sont moins un impôt, à proprement parler, que la réparation d'un dommage résultant de l'emploi exceptionnel et exorbitant des voies vicinales : L'industriel qui a commis la dégradation doit la réparer, soit par des prestations en nature, soit par des subventions en argent, cela est de toute justice.

« Malheureusement, lorsqu'on est arrivé à la mise en pratique des lois de 1824 et de 1836, on s'est vite heurté contre des résistances imprévues souvent dénuées de raison.

souvent aussi très légitimes, ayant leur source dans le laco-
nisme et dans la généralité des termes employés par le législateur, qui avait laissé à l'Administration et par suite à la
jurisprudence un champ d'interprétation très vaste et de nombreuses lacunes à combler. Combien de questions ont été
soulevées par l'application de ces textes, ne fût-ce qu'à l'occasion du mode de constatation des dégradations et des bases
d'évaluation des subventions ! Combien de systèmes se sont
produits dans les expertises, systèmes presque toujours enta-
chés d'arbitraire, n'offrant aux contribuables comme aux
juges que de médiocres garanties de sincérité et d'exactitude !
(Voir les arrêts et les notes, 6 juillet 1854, Foulon, 636 ; 10
janvier 1856, Huriez, 58 ; 10 septembre 1856, Lemaréchal, 625 ;
7 mai 1857, Mines de Vicoigne, 389, et toutes les décisions
qui statuent sur le point de savoir lequel de deux industriels,
de l'entrepreneur ou des acheteurs, du propriétaire de forêts
ou de l'acheteur des coupes, doit supporter les subventions.)

« Nonobstant toutes ces solutions, dont nous avons recherché, non sans quelques efforts (voir les notes précitées), la
concordance et les raisons déterminantes, ni les administra-
tions locales, ni les Conseils de préfecture ne sont encore
parvenus à se faire une jurisprudence fixe qui puisse assurer
aux industriels, l'uniformité, l'égalité dans l'assiette de la
taxe. Au contraire, la taxe et ses bases sont essentiellement
variables, inégales, subordonnées à une foule de circonstances tout à fait indépendantes même de l'importance de l'industrie et des transports effectués. Dans telles localités, aucune subvention ne sera réclamée, tandis que dans d'autres
la même industrie sera soumise à des taxes exagérées. La
situation financière de chaque commune, le degré de faveur
ou de défaveur avec lequel l'établissement d'une grande
exploitation industrielle y est accueilli, les dispositions qui
animent le maire ou le conseil municipal, font que la Commune poursuit ou s'abstient. L'exploitation, qui sera voisine
d'une route nationale ou départementale, d'une voie ferrée ou
navigable, recevra le plus souvent et expédiera tous ses produits par ces voies, aucune subvention ne pourra lui être
imposée. Qu'on suppose le même établissement installé à
8 ou 10 kilomètres des susdites voies de communication,
c'est-à-dire dans une position moins avantageuse sous beau-

coup de rapports, il devra user des chemins vicinaux et aura des subventions à payer.

La quotité de la taxe varie dans chaque région, selon la nature et la qualité des matériaux employés, pour l'entretien des chemins, selon l'habileté, l'économie, le soin apportés par les agents-voyers dans le choix et dans l'emploi de ces matériaux, selon les influences climatériques au nord et au midi, selon la saison dans laquelle l'exploitant se trouve obligé, par les besoins de son industrie, d'effectuer ou de laisser effectuer les transports ; autant de causes inévitables d'inégalité dans la fixation des charges qui pèseront sur une industrie.

Quelques industriels, fatigués par les demandes annuelles auxquelles ils ont à répondre, finissent par consentir des transactions sous forme d'abonnements. Mais ce mode de solution, assez recherché par les communes, parce qu'il tranche contre celui qui s'y soumet la question de principe, ne peut-il pas conduire à des conséquences injustes ? Qui dit transaction, abonnement, dit concession. Les communes, pour n'avoir pas à soutenir annuellement une lutte où, en définitive, elles peuvent succomber, font donc, au profit des souscripteurs ou abonnés, certains avantages, autrement dit, une réduction, sur ce qu'ils auraient à payer. Or, cette réduction, les industriels non souscripteurs n'y participeront pas. Si l'abonnement a l'avantage de simplifier et d'assurer la perception, son principe et ses conséquences n'en sont pas moins très discutables.

« Les moyens de constatation n'offrent pas plus de certitude. Le Conseil d'État a exigé, dans plusieurs arrêts, que les experts aient visité le chemin litigieux. En principe, cela est fort raisonnable. Mais il est constant qu'en réalité cette visite n'est presque toujours qu'une formalité illusoire, puisqu'il est admis que le chemin a pu, a dû même être incessamment remis en bon état d'entretien au fur et à mesure que les dégradations se produisaient. D'ailleurs les experts ne se réunissent qu'assez longtemps après que les dégradations ont été commises. On ne saurait non plus trop s'élever contre la déplorable habitude qui a trop souvent prévalu de désigner pour experts des communes intéressées des agents voyers chargé de l'entretien des chemins, de l'élaboration des demandes de subventions, ainsi que des transactions et abonnements pouvant intervenir avec les particuliers. Nous n'approuvons même pas la désignation, au nom des dites communes, du maire d'une commune voisine, à charge de réciprocité, comme cela a lieu quelquefois. De tels experts, quelle que soit leur honorabilité personnelle, paraîtront toujours suspects aux parties ; et nous devons dire qu'à cet égard le projet de loi sur les Conseils de préfecture présenté au Sénat le 10 juin 1870 contenait déjà d'utiles améliorations (V. le titre II des expertises, notamment l'art. 17).

« Au fond, l'expertise en cette matière ne peut consister qu'en un travail de cabinet. Les experts y groupent un certain nombre de chiffres qui leur sont fournis par l'Administration pour établir la différence entre la dépense ordinaire d'entretien et la dépense extraordinaire qu'on allègue avoir été nécessitée par les transports industriels. Parmi ces chiffres, il y en a quelques-uns qui ne peuvent donner lieu à aucune critique ; mais d'autres sont on ne peut plus contestables ; ils reposent sur de prétendus pointages faits par les cantonniers pendant toute l'année, au passage de chaque voiture circulant sur les chemins ; de telle sorte que le cantonnier auquel la loi ne confère aucune attribution à ce relative, qui n'est investi d'aucune mission juridique, dont les relevés sont nécessairement incomplets, informes, toujours dressés sans contrôle ni contradiction, se trouve fournir presque à lui seul, une grande partie des éléments de la condamnation que le Conseil de préfecture aura à prononcer et qu'il prononce généralement dans les conditions proposées par les agents voyers. Nous n'avons pas besoin de dire combien d'inexactitudes peuvent se glisser même involontairement dans ces pointages, que, du reste, l'Administration s'abstient avec raison de produire devant le Conseil d'État. C'est cependant là que les experts vont puiser les bases de la distinction entre la circulation ordinaire et la circulation dite industrielle celles de la répartition des transports et des dégradations entre les différents industriels, fréquentant le même chemin, celles de l'attribution à chaque industriel d'une certaine quantité de transports avec tel chargement, dans telle saison et par tel état de l'atmosphère. Y a-t-il là des garanties suffisantes ? L'expertise faite dans les conditions que nous venons d'indiquer est-elle une opération sérieuse ? Quiconque a sous les yeux des rapports d'experts concernant des subventions spéciales fera facilement la réponse à ces deux questions.

« Il y aurait bien à dire aussi sur la déclaration de bonne viabilité, qu'on fait résulter de l'inscription du chemin sur un état dressé au commencement de l'année. En supposant la déclaration toujours parfaitement exacte au moment où elle a lieu, le sera-t-elle encore pour les mois de septembre et d'octobre, si les transports ne s'effectuent qu'à cette époque et si l'entretien a été négligé dans l'intervalle ?

« Enfin, que faut-il entendre par dégradation extraordinaire ? A quelle mesure, à quelle règle s'attacher pour reconnaître au dommage ce caractère, qui peut seul justifier la demande de subventions ? On a vu quelques communes réclamer des sommes de 20, de 15 et de 12 francs. Même à ce titre, l'exiguïté de ces chiffres n'eût-elle pas dû suffire à faire écarter la prétention ?

« C'est sans doute par tous ces motifs que l'impôt dont il s'agit rencontre tant d'oppositions chez ceux qui sont frappés, alors que dans les communes peu éloignées, quelquefois dans la même commune, d'autres industriels, qui font des transports dans des conditions analogues, ne sont pas atteints, et alors qu'il est impossible à l'industriel imposé de se rendre compte des nuances qui, à tort ou à raison, ont motivé la différence dont il se plaint. La taxe est regardée par beaucoup comme vexatoire et comme toujours plus ou moins arbitraire.

« De quelle ressource est-elle pour les communes ? Il résulte de la dernière statistique dressée par les soins du ministre de l'intérieur que la taxe des subventions spéciales perçues dans toutes les communes de France produit un peu moins d'un million en argent (965,560 francs en 1868 et 987,522 francs en 1869). Nous n'avons pas besoin de dire qu'une infinité de communes n'ont pas participé à ces subventions, dont la majeure partie a été réclamée au profit des communes intéressées à l'entretien des chemins de grande communication ou d'intérêt commun.

« Si l'on songe au temps que les agents de l'administration ont été forcés de consacrer à l'établissement des taxes, aux calculs compliqués, aux nombreux rapports qu'ils ont dû faire pour justifier leurs propositions, aux questions litigieuses en fait ou en droit, soulevées par les contribuables, aux expertises et aux décisions intervenues pour trancher ces différends, enfin aux mécontentements que produit toujours cette taxe, lorsqu'elle vient s'ajouter aux impôts d'un caractère général, on est amené à douter que l'avantage de trouver une ressource, dont le total ne dépasse pas un million compense les difficultés et les inconvénients inhérents à la perception de cet impôt.

« Nous pensons, quant à nous, tout étant bien considéré, que l'article 14 de la loi de 1836 n'a pas produit un heureux résultat, et nous le verrions disparaître sans regret, aussitôt que les circonstances le permettront. Dans tous les cas, il nous paraît utile d'appeler sur ce point l'attention de l'administration et du législateur. »

Tout ce qu'on vient de lire, et qui remonte à trente-six ans, est encore vrai et sans avoir vieilli peut servir d'argument à la thèse que nous défendons.

J'ai, il y a quelque temps, écrit un certain nombre d'articles dans lesquels, *me plaçant au point de vue législatif*, je cherchais à démontrer que les propriétaires de bois n'auraient pas dû être compris parmi ceux à qui l'article 14 de la loi de 1836 autorise le service vicinal à réclamer des subventions industrielles. Je faisais valoir, en substance, que les bois *propriétés rurales*, ne sont défruités qu'à de *longs intervalles*, tandis que les *propriétés rurales à l'état de champs cultivés* le sont *annuellement*, et que, dès lors, il y a injustice à grever les propriétaires de bois de la charge des subventions industrielles quand on en exonère les propriétaires de champs cultivés.

J'ai donc soutenu, *au point de vue législatif*, que la subvention industrielle réclamée aux propriétaires de bois n'est pas *rationnelle*.

La question de la suppression des subventions industrielles est une de celles qui revient régulièrement à chaque assemblée générale des Syndicats et de la Fédération des marchands de bois de France, et c'est unanimement que le vœu tendant à sa suppression est voté.

Au dernier congrès de marchands de bois tenu à Épinal le 4 août 1906, sur rapport présenté par un membre du congrès, le vœu semblable fut voté.

Il est bon d'ajouter que le caractère agricole des exploitations forestières est bien aujourd'hui admis par la loi puisque la loi de 1898 sur les accidents du travail ne s'applique pas aux exploitations forestières à cause de son caractère exclusivement agricole. On ne comprend pas alors comment les exploitations forestières jugées agricoles par rapport à la loi sur les accidents seraient considérées comme *industrielles* par rapport à l'entretien des chemins vicinaux.

Je disais dans mon discours au Congrès de l'Est :

« L'exploitation des forêts n'est autre chose qu'une exploitation agricole qui n'a aucun caractère industriel, et ce n'est pas parce que cette exploitation ne se fait que tous les vingt ou trente ans qu'elle doit perdre son caractère agricole, exclusif par conséquent de subvention industrielle. »

Et je crois être dans le vrai.

Depuis quelques années, quelques Conseils généraux ont décidé de ne plus réclamer de subventions industrielles, reconnaissant que cette espèce d'impôt était injuste et arbitraire.

Les Conseils de préfecture et le Conseil d'État rendent, depuis quelques années, des décisions rejetant des demandes de subventions industrielles faites aux exploitants de forêts ; la justice, dans la circonstance, devance l'œuvre du législateur.

C'est pour ces motifs que nous proposons la modification de l'article 14 de la loi du 21 mai 1836 dans les termes suivants :

ARTICLE UNIQUE.— « Les exploitations forestières sont supprimées de la nomenclature portée à l'article 14 des industries susceptibles de subvention pour les chemins vicinaux et de grande communication. »

CONCLUSION

En attendant que la proposition de loi qu'on vient de lire soit votée, je crois que les marchands de bois doivent résister et s'unir pour insister jusqu'au bout.

A l'appui de mon conseil je vais, en terminant, rappeler ce qui s'est passé récemment dans le département de l'Aisne, un de ceux où les demandes de subventions industrielles sont les plus fréquentes.

Un exploitant de forêts ayant obtenu devant le Conseil d'État gain de cause contre l'Administration par un arrêté du 22 juin 1906 dont j'ai donné le compte rendu dans le journal *Le Bois*, le préfet de l'Aisne en présence de l'arrêt du Conseil d'État s'est désisté dans une autre affaire qui était pendante devant le Conseil de préfecture de l'Aisne.

J'ai rendu compte de cet événement dans le journal *Le Bois* par un article que je crois devoir reproduire :

CONSEIL DE PRÉFECTURE DE L'AISNE

Subventions industrielles. — Demande de 521 francs pour prétendues dégradations extraordinaires. — Expertise. — Désistement de l'Administration.

Il y a longtemps que, malgré bien des sceptiques, j'ai conseillé la résistance à outrance et la lutte acharnée contre les prétentions abusives de l'Administration en matière de subventions industrielles.

Déjà depuis quelque temps la campagne que j'ai commencée dans le journal *Le Bois* en faveur de la suppression des subventions industrielles a commencé à porter ses fruits, j'ai obtenu tant devant les Conseils de préfecture qu'au Conseil d'État les décisions rejetant les demandes de l'Administration. Mais voici bien un nouvel avatar ! C'est un vrai coup de théâtre inédit devant une juridiction administrative.

Oyez plutôt :

Un négociant en bois, M. B.., se voyant réclamer 521 francs de subventions industrielles me fit l'honneur de me consulter. Après examen du dossier je lui conseillai de résister.

Alors commença une série d'escarmouches entre l'administration et moi, mémoires contre-mémoires, expertises, rapport, conclusion sur expertises, contre-rapport, etc.

Je fis nommer comme expert M. Lefebvre ingénieur spécialiste ; aucun agent-voyer dont l'expérience en ces matières défie les roueries de l'Administration.

Malgré les efforts des deux experts de l'Administration et du Conseil de préfecture qui concluaient comme un seul homme, contre mon client, je tins bon et ayant préparé ma plaidoirie je me disposais à aller chaudement défendre mon client devant le Conseil de préfecture de l'Aisne lorsque je reçois la lettre suivante par laquelle l'Administration se désiste !

PRÉFECTURE DE L'AISNE

Désistement.

« Le Préfet de l'Aisne, au nom des communes intéressées aux chemins de grande communication n°s 18 et 19.

« Vu, en date du 17 avril 1906, la requête introductive d'instance déposée et enregistrée au greffe du Conseil de préfecture le 20 du même mois, pour le règlement des subventions spéciales réclamées en vertu de l'article 14 de la loi du 21 mai 1836 à M..., marchand de bois à M..., en raison des dégradations causées par ses transports, en 1905, aux chemins de grande communication n°s 18 et 19 ;

« Vu l'article 42 de la loi du 22 juillet 1906 ;

« Vu les propositions de M. l'Agent voyer en chef ;

« Déclare se désister purement et simplement de l'instance engagée.

« Laon, le 8 janvier 1907.

P. LE PRÉFET
Le Secrétaire Général.
(Signé :) BERTHELOT.

Je crois que voilà le meilleur argument en faveur de la proposition de loi que j'ai rédigée en faveur de la suppression des subventions industrielles. Je crois que ce coup de théâtre fera changer d'avis ceux qui ne craignaient pas de préconiser la soumission et l'obéissance à la toute puissante Administration !

Comme je le disais l'an dernier, à la fin d'un des articles sur une question semblable, pour triompher, il faut lutter. A vous, Messieurs les Marchands de bois, de faire ce qu'il faut pour vous procurer le plus d'arguments possible en faveur de la proposition de loi que la Fédération va déposer à la Chambre. Pour vous procurer ces arguments il faut résister, résister toujours et jusqu'au bout.

Paul Coulet,
Avocat à la Cour d'appel
de Paris.

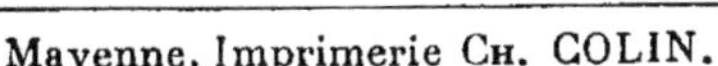